LE DROIT D'AUTEUR

UN DISPOSITIF DE PROTECTION DES ŒUVRES

图文小百科

著 作 权

[法] 埃曼努埃尔·皮埃拉　编

[法] 法布里斯·诺　　　绘

曹杨　译

中国友谊出版公司

前　言

一本关于著作权的漫画

　　创作一本关于著作权的漫画，绝对是前所未有且独一无二的。对有些人来说，**著作权**和**漫画**之间毫无共同点可言，前者的严肃性和后者的娱乐性天差地远；无论如何，写这样一本书几乎是不可能的。然而，如果我们能大胆些、想象力更丰富些，两者的结合就似乎不再显得那么出人意表了。比如，只需追溯历史，就可以看到著作权和漫画其实是一对表兄弟，它们诞生的社会、经济和历史背景都是相同的。

　　现在，就让我们稍微回顾一下这共同的起源……具体来说，现代意义上的著作权真正诞生于 1886 年 9 月 9 日。那一天，《保护文学和艺术作品伯尔尼公约》（简称《伯尔尼公约》）正式签署，著作权在国际范围内得到了一致承认。10 个国家就此共同确立了著作权的重要原则：作者对其作品享有垄断权利，作者有权决定是否复制或公开发行自己的作品，以及作者的精神权利、作者去世后的权利保护期限等。从《伯尔尼公约》开始，这些条款（后来鲜少修改）至今仍在捍卫作者的权益并保护其作品。[1]

　　也是在这一时期，随着最初的插画杂志在美国和欧洲大陆面世，漫画迎来了首个大规模发展期。在法国，路易·阿歇特和阿尔芒·柯兰两家出版社率先推出了专门面向年轻读者的漫画作品，即后来我们所熟知的青少年漫画。著作权的问世和漫画杂志的出现并不是偶然发生的两个事件，它们共同参与了同一个现象；这一绝无先例的现象迅速扩散，使当时社会对艺术的接纳重新受到拷问。实际上，19 世纪后半叶，在短短几年间，曾

1

经主要面向资产阶级和贵族阶层的艺术作品迅速普及至当时所谓的劳动阶层，作品受众增长的速度和程度空前，大众文化时代就此来临。艺术作品开始工业化批量复制并迎来新的传播形式（比如留声机），艺术知识全面普及（传播艺术的语言再也不是只有内行才能听懂），全新的艺术形式陆续问世（比如漫画，还有随后在 1895 年左右出现的电影艺术 [2]）。一旦创作者们面向的是扩大千万倍的受众群体，整个文化界就会迎来一场快速且彻底的变革。文化不再专属于唯美主义者和好奇的富人，如今它面向的是数以百万计的消费者；文化形成了产业。由于其中的经济因素变得越来越普遍、关键，人们第一次需要在国际范围内制定相关法律来应对和规范这些变化，于是诞生了 1886 年的《伯尔尼公约》。

美国的《版权法》

这样看来，漫画和著作权难道不是拥有了一切和谐共处的条件吗？

我们知道，无论在历史学还是在文献学上，想确立一个人人都认可的著作权法的**创建时间**往往很难。比如，有一些人认为，这个时间应该向前推：第一部关于著作权的法律不是 1886 年签署的《伯尔尼公约》，而应是著名的 1790 年美国颁布的《版权法》，接着还有 1791 年和 1793 年的两部法国法律。这其实是在用另一种方式研究著作权的历史，即从国家的角度追溯著作权的起源。实际上，1790 年的《版权法》只适用于美国国内，要等到一个世纪后，也就是 1891 年《国际版权法》出台，这一法律制度才得以扩展到其他国家。1791 年和 1793 年的两部法国著作权法也是如此，它们的适用范围直到 1886 年签署《伯尔尼公约》才扩展到了国际层面。但 1790 年、1791 年和 1793 年这三个时间点仍然至关重要，因为它们确立了解读著作权的两大视角——美国的版权和法国的文学产权，这是两个在很多方面都对立发展的法律制度。

法国的著作权制度，如今已基本被整个欧洲大陆所采用。它始终把作者奉若神明——无须预先办理任何手续，他们的精神权利和经济权益就能受到保护。而已覆盖盎格鲁－撒克逊主要国家的美国版权制度则倾向于促进作品的流通和普及——作者只有预先办理相关行政手续登记版权后，才可受到相应保护。这听起来似乎只是个细枝末节的问题，但实际上，在美国，作者往往要等到作品完成、即将付梓或上市才可以在版权局（位于偌大的华盛顿国会图书馆内）办理相关手续。这正是美国版权法与欧洲著作权法的本质区别，后者无须作者办理登记，其作品即可受到保护。但是，正如欧洲最杰出的著作权专家之一贝朗博姆律师所言："人们普遍都有这样一种错觉，即认为盎格鲁－撒克逊国家的著作权保护制度和欧洲大陆的著作权保护制度分歧巨大，二者均试图战胜并取代对方。50多年前，情况的确如此，但今天早已不是了。如果说在全球化进程中，哪个领域取得了真正的进步，那无疑就是著作权了。（……）实际上，我们发现，50多年来，这两种制度存在彼此靠近的倾向。如今，它们几乎已经没有差别了，因为美国于1988年签署了著作权领域最重要的统一性公约——《伯尔尼公约》，其中规定，作者无须特定手续即可获得著作权。"他还半开玩笑地补充道："这可是里根总统签署的最后一部法案。"

是的，著作权的历史仿佛在告诉我们，正在占据上风的不是美国的版权制度，而是欧陆的著作权制度，而且纯粹是经济因素使然。"终于有这么一次，"贝朗博姆律师向我们如是解读，"欧陆的著作权制度在商业利益上胜过了美国的版权制度，而美国的版权制度则更有利于大众！这实在太不寻常了，可以推翻所有的思维定论。我们更倾向于保护作者的制度事实上更有利于出版业。为什么这样说？因为'作者本人使用其作品'不过是一种错觉——作者是将权利出让给了出版人或制作人；实践中，从欧陆法律层层保护的著作权中获利的并非作者，而是出版或制作其作品的人，也就意味着欧陆制度实际上极力保护的是出版人或制作人，而不是作者本人。美国人很快想通了个中道理，于是将他们的著作权立法向欧陆制度调整。"[3]

从苏格拉底到《伯尔尼公约》——一段关于作者及其权利的简史

有关著作权的立法是直到近代才出现的事物，其构想诞生于启蒙时代，在浪漫主义时期具化，在自然主义时期确立了基本内容。但是，其中的某些问题其实一直以来都在引发人类社会的思考。当然，首先，**作者**这一概念必须成为整个社会都接受的既定事实，否则**著作权**一说便无从谈起。这样的视角，是历史赋予我们的。对我们现代人来说已是共识的问题，在曾经存在的不同文明中，人们的看法却大不相同。

古代关于**作者和作品**意识的例证少之又少。埃曼努埃尔·皮埃拉认为，我们已知最早的知识产权可以追溯到苏美尔文明时期用楔形文字记录在泥板上的一道菜谱。一个苏美尔人以文字的形式声明自己是这一专有技术的唯一持有者，他还明确指出，只有菜谱的创造者才有权制作该道菜品，只要他还有能力完成这一行为；言外之意就是，创作者死后，其创作将进入我们如今所称的**公有领域**。我们也可以在柏拉图的《对话集》引述苏格拉底谈话的《斐德罗篇》中找到另一段有关著作权的记载。早在公元前 6 世纪，苏格拉底便指出了作品的自由流通将会引发的问题，当时看到这些问题的人可谓少之又少。他提醒人们，认知著作的所有权是极其重要、大有裨益的。"一旦写成文字，"他说，"每段演说都将传遍四方，传递给所有人，无论是懂得个中精义的人，还是对其完全无动于衷之人。演说本身并不知晓自己该面对哪些人，不该面对哪些人。然而，当它遭受尖刻的抨击和不公的诋毁时，它就需要在它的父亲（作者）那里寻求帮助，因为它无法为自身辩护，无力自救。"[4]

一个世纪后，对所谓**著作权**的损害首次出现，不过我们拥有的最早的文字记录并非来自公元前 5 世纪，而是公元前 1 世纪的《论建筑》。这本致敬奥古斯都大帝的建筑学论著于公元前15年左右问世，作者是古罗马建筑师维特鲁威。书中讲述了著名的喜剧诗人阿里斯托芬如何在一场诗歌竞赛中以剽窃为由取消大部分选手的比赛资格："比赛伊始，诗人们登上竞技场，开始诵读自己的诗歌。人们通过掌声响亮与否，向评委传达自己的好恶。当被问及意见时，六位评委一致同意将一等奖颁发给人们最喜爱的诗人，将二等奖颁发给呼声第二高的诗人。然而，轮到阿里斯托芬表达意见时，他却认为该把一等奖颁给呼声最低的那个参赛者。面对国王和人们的义愤之情，阿里斯托芬站起身，请大家听他道明原委。人们安静下来后，他大声宣布，在所有参赛者里，他只看到一位诗人，其他人不过是在背诵不属于自己的诗行；评委的职责是嘉奖真正的创作者，而非剽窃者。虽然人们对阿里斯托芬的这段话赞叹有加，但国王却仍然犹豫不决。于是，阿里斯托芬凭借自己的记忆力，命人从某些书柜中取出大量诗集。经过比对，刚刚诵读过的许多诗行都与诗集中的文字极为相近，至此，那些参赛者不得不承认自己剽窃。国王命人对他们提起诉讼，对其判以耻辱刑并驱逐了他们。"[5]

由此可见，虽然**作者**这一概念直到19世纪才被赋予法律意义，但人们对剽窃行为的道德性和社会性制裁却早已存在。不过仍需指出，古代类似的例证并不多见。直到公元560年，也就是阿里斯托芬时代千年之后，才再次出现了有关侵犯作品复制权的记载。那是发生在两位爱尔兰圣徒之间的一场争论，争论的焦点是一本赞美诗集究竟由谁创作。不过，至今仍有人质疑这场争论的真实性。

必须指出，中世纪既不利于各类作品的保护，也无助于个体主张自己的权益。在那个时代，只有隐形于亚里士多德、普罗提诺[6]或塞涅卡[7]等人的作品背后的誊写者。直到15世纪印刷业兴起，真正的问题才显露出来。副本的增多大大降低了印制成本，并以前所未有的力度促进了作品的传播。在德国，由于宗教改革运动的推动，在马丁·路德的带领下，印刷业的发展尤为可观。宗教改革派甚至放弃出版一部分拉丁语著作，转而发行用通俗语言写成的作品，阅读群体得以大大扩展。在整个欧洲，出版商和书商如雨后春笋般大量涌现，竞争日渐激烈，盗版行为也日益猖獗。新的经济诉求催生了新的法律，特殊的、特定的司法判例也应运而生。

印刷商约翰·冯·斯派尔就是一个例证，威尼斯共和国元老院曾指定他为 1469 年至 1474 年这 5 年间的独家合法印刷商。不过，此类特权仍属特例，远未普及。在法国，莫里哀就成了一个众所周知的受害者。当时，他凭借《可笑的女才子》一剧首度引起轰动，收获巨大成功。许多书商在没有获得莫里哀准许的情况下便出版了剧本，肆无忌惮地删减、修改原著，甚至只保留故事情节而重新编写剧本。莫里哀被突然剥夺作品的主导权，气愤难当。要知道，《可笑的女才子》只是一部独幕小剧，他其实并未对其另眼相待；该剧也远非他最后一部作品。当时，他只是希望凭借出版处女作获得名声。莫里哀确信这样的"**成功**"会损害他戏剧生涯的发展，为了终止这一荒唐的局面，他最终不得已同意将该部戏剧的经营委托给书商纪尧姆·德·吕纳，指定其为剧本的独家印制商和经销商。

在法国，直到两个世纪后的 1686 年才出现了所谓的**永久特权**法，书商们率先拥有了作品的独家经营权。这些规定突然出现，并非为了保护作者的权益，而是旨在保护出版商，也就是当时印刷商的利益：鉴于他们声称所承担的经济风险，他们要求对作品享有独家经营权 [8]。

接下来，则要等到 1777 年一部皇家法规和内克尔系列法令（由杜尔哥 [9] 和马勒泽布 [10] 起草）问世。这些法律规定旨在打击盗版行为，规定特权期限，以便最终在法国赋予作家出版和出售自己作品的权利，并更清晰地（稍加）区分作者所享有的权益和书商及出版商的权益 [11]。

从 1777 年作者权益首次获得法律承认，到 1886 年签署《伯尔尼公约》，十余起标志性事件先后出现，或多或少地推动了著作权的发展，逐步为现代意义上的著作权制度奠定了基础。在这场争取著作权的斗争中，冲在最前面的是那些作者，他们当中有大名鼎鼎的狄德罗、梅尔西耶、博马舍、巴尔扎克、维尼、拉马丁，当然还有维克多·雨果——本书绘者法布里斯·诺将他的肖像搬上了封面，堪称妙笔。

达维德·范德默伦

比利时漫画家，《图文小百科》系列主编

注　释

1　1886 年，共有 10 个国家签署《伯尔尼公约》，它们是德国、比利时、西班牙、法国、英国、意大利、利比里亚、瑞士、突尼斯和海地。从 1896 年至 1979 年，该公约历经十余次补充、更改和修订。至今，《伯尔尼公约》已有 168 个签署国。1984 年，在一本有关著作权的权威作品里，阿兰·贝朗博姆律师强调施行该公约仍至关重要："法学家们必须拥有丰富的想象力，法官们必须拥有真正良好的意愿，才能将 19 世纪订立的原则适用于工业化和新科技的产品：运用 1886 年签署的法律条文来裁决使用复印机、摄影机、电脑、数据库以及转播卫星电视节目引发的结果，堪称一大壮举！"阿兰·贝朗博姆（Alain Berenboom），《著作权》（Le Droit d'auteur），Larcier 出版社，1984年版。

2　电影和漫画这两个新兴的艺术门类在诞生后并未马上得到公众的认可。我们眼中无可争议的艺术大师梅里埃和卢米埃尔兄弟，在他们的时代却被大多数人视为区区巡游演员。直到大约 25 年后卓别林和超现实主义艺术家们出现，电影才被公认是一种独立的艺术形式。至于漫画的"合法化"，则要等到更久以后。要知道，即便是当代，某些知识分子仍固执地对其冷眼相待。

3　出自阿兰·贝朗博姆与让·贝唐（Jan Beatens）的对话，收录在《争取著作权的斗争》（Le Combat du Droit d'auteur）第 171 页，Les Impressions Nouvelles 出版社，2001 年版。本前言中的大部分观点在相当程度上受到贝朗博姆论著的启发。

4　《斐德罗篇》（275e）[Phèdre（275e）]，柏拉图，《柏拉图全集》（Oeuvres complètes），第二卷，第 76 页，"七星文库"系列，Gallimard 出版社，1985 年版。

5　转引自《维特鲁威的建筑艺术》（L'architecture de Vitruve），第二卷，查尔斯-路易·莫弗拉（Charles-Louis Maufras）译，第 100 页，Charles-Louis-Fleury Panckoucke 出版社，1847 年版。

6　普罗提诺（Plotinus，205—270），新柏拉图学派代表哲学家，主张有神论和神秘主义。

7　塞涅卡（Lucius Annaeus Seneca，约公元前 4 年—65 年），古罗马斯多葛学派代表哲学家。

8　如今，风险承担仍是需要考虑在内的一个因素。比如，法国的相关法律明文规定，如果出版方没有承担较大风险，则无论如何都无法获得作品的著作权。

9　安·罗伯特·雅克·杜尔哥（Anne Robert Jacques Turgot，1727—1781），法国经济学家，重农学派代表人物。

10　纪尧姆-克雷蒂安·德·拉穆瓦尼翁·德·马勒泽布（Guillaume-Chrétien de Lamoignon de Malesherbes，1721—1794），法国政治家，出生于巴黎法学世家，促成了百科全书的出版。

11　让·贝唐，《争取著作权的斗争》，第 8 页，Les Impressions Nouvelles 出版社，2001 年版。

艺术家、作家、作曲家、诗人等创作出来的各种作品，均受著作权法保护。

该法也被称作知识和艺术产权法，我们身边的所有作品几乎均受其保护。

在法律效力方面，它接近却有别于其他知识产权法，比如专利法、

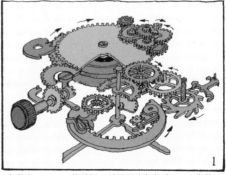

1

© 为英文 copyright 的缩写，是著作权（版权）标志；® 为英文 register 的缩写，是注册商标标志；etc. 为拉丁文 et cetera 的缩写，表示列举未尽。

商标法、

工业品外观设计保护法，

乃至于植物新品种保护法……

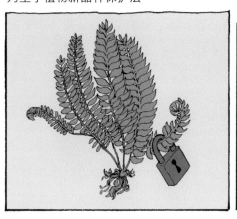

若要受到这些法律的保护，都需要事先办理相关手续。

而如今在著作权法中，作者无须履行任何手续，其作品即可受到保护。

只要展开想象并提起笔，作者创作出来的手稿、画稿或乐谱的初稿就会立即获得受保护的资格。

2

* Asunto Impreso 是位于阿根廷布宜诺斯艾利斯的一家书店；各法语词分别表示"自由、平等、博爱、法兰西共和国"，为法国政府的标志；eDF 是法国电力公司（Électricité de France）的缩写。
** 法国国家工业产权局。

作者也可对作品进行登记，尤其是提交到对著作权进行"集体管理"的机构。

这一机制虽远不如文学和艺术产权法那样具有建设性，但可以有效证明作品的"首创性"。

作品需要具化为"有形的创作"。也就是说，作品不能处于抽象、虚拟的状态。

它只有被真真切切地创造出来，才可以受到保护。

反之，仅仅是创意就无法受到保护，它们通常被认为是"自由流通的"。

例如，写一本《野生植物指南》的想法本身并不会受到保护，但它如果具备了形式（写作风格、装帧样式等），即可被纳入著作权的保护范围。

3

创作也需要具备一定的"原创性"，才可以受到著作权法的保护。

因此，在司法上，通常要判断作品是否带有作者的"个性化印迹"，作者是否做出过真正的个人选择。

比如，我们需要辨明，艺术家使用的技艺和作品的尺寸、颜色等，是在某种程度上被要求的结果，还是根据个人意愿决定的。

因为作者的"个人笔触"以某种方式赋予了作品原创性，从而使它获得受保护的资格。

法官评估作品的原创性时，需要根据作品的不同类型选择特定的方面进行考量。

4

对于音乐作品来说，需要考量的方面有：

节奏、

和弦，

以及旋律。

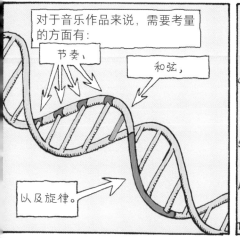

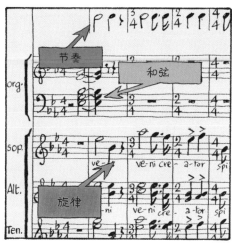

其中只要有一项具备原创性，整个作品即可受到保护。

对于文学作品来说，则是文风和情节。

"原创性"与"新颖性"这两个概念不应混为一谈。实际上，若能以一种个性化的角度处理一个已经存在的题材，也完全可以产生具有原创性的作品，即使这部作品并不是全然新颖的。

5

无论作品涉及何种题材（色情、幽默等），采用何种表现形式（口头、书面等），都有可能受到著作权法的保护。

作品优秀与否也无关紧要：

可以是好的，也可以是差的、丑的……

总之，作品的"用途"（行政的、实用的、审美等）不应成为考量其可否受著作权法保护的标准。

说到底，法律和法官们都极其重视保护"创作"。

创作可以是图书，手册，文学类、艺术类及科技类文章；可以是一部小说，也可以是一张菜谱；可以是一个笑话，也可以是一篇媒体文章、访谈、书信等。

作品中人物的姓名甚至外貌特点都可以受到保护。例如，法官倾向于保护人猿泰山和胡萝卜须 (2) 的形象。

讲座、致词、布道、辩护词等也可以受到著作权法保护。

戏剧、音乐剧、编舞、马戏表演、哑剧及作曲（无论是否配有歌词）等也一样。

著作权产生已久，其保护范围如今也涵盖了电影及其他视听创作形式，

例如电视节目、电子游戏等。

受保护的作品形式还包括绘画、

雕塑、

雕刻、

7

二十世纪六七十年代风靡法国的动画片《傻豆》(Les Shadoks)，主人公是一群怪鸟，其语言由嘎（Ga）、啵（Bu）、且（Zo）、哞（Meuh）四个单音节词构成。

建筑、

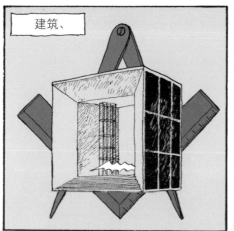

排版、

摄影，

以及被称作"应用艺术"的室内设计、

时装、

各种地图和平面图。

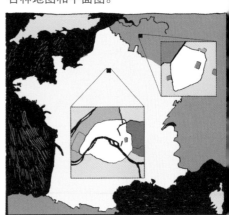

经过漫长的争论，软件最终被列入著作权而非专利权的保护行列。

如今，法官们正在思考发型和香水的命运。

在此之前，他们已经吸收了一些"新成员"，

例如文身、

相关法条和判例已广泛承认了改编甚至选集等"演绎作品"的法律地位。

餐巾纸折叠艺术。

9

所以，著作权的保护分为两个层面：一个是对原作品的保护，另一个是对"演绎作品"的保护。

著作权法有针对作品标题的特别条款。作品的标题一旦具有原创性，即可如作品本身一样受到保护，

且标题独立于作品，因为后者可能是平凡无奇的。

电影《危险关系》的导演罗杰·瓦迪姆[3]就曾因此上过法庭。

从理论上讲，即使作品因为进入公有领域而不再受保护，为避免引起混淆，个人仍不可在同类型的作品中使用该标题。

即使标题由于缺乏原创性等原因无法被著作权法保护，它们也仍可以受到反不正当竞争法的保护。

10

*le 和 la 分别是法语中用于阳性、阴性名词前的定冠词。

传统歌曲、布面纹样、故事传说等民间创作，在某些国家也受法律保护，如加拿大、澳大利亚，

和尼日利亚。

但在上述情况中，对权利所有人的界定往往困难重重。（开赌场的印第安部落怎么算？事涉跨边境地界的居民怎么办？）

而且，这一做法还有悖于著作权关于公有领域的规定：作品进入公有领域即向所有人开放，而且是免费开放。

著作权的复杂性源于它漫长的历史。

最早的文字记载可以追溯到苏美尔文明时期的一块泥板，上面记录了一道菜谱，声明未经允许，不得复制。

之后，直到文艺复兴时期，人们才重新开始区分创作领域的合法及非法行为。

面对层出不穷的假托某位作者甚至某位大师之名创作的赝品画作和雕塑，

以及未经印刷商准许便擅自翻印出版的图书，

法学家和文人们试图制定一套针对作品复制的行业伦理规范。

自此，出版商得以享有特权，而作者们要等到18世纪中叶，才能享受同样的权利。

12

博马舍[5]是最早表达愤慨的作者之一。有家客栈为取悦酒客而表演他的戏剧，没有得到任何报酬的他，反倒被要求付酒水钱。

后来，维克多·雨果使著作权制度走向国际。今天，它已被纳入《伯尔尼公约》，被全球大多数国家和地区签署承认。

如今，为了规范著作权，拥有强大国际影响力的欧盟制定了诸多法律条款。

1791年和1793年，在法国出现了两部革命性的法律。它们为大陆法系[6]著作权的诞生奠定了坚实的、决定性的基础。

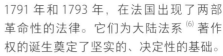

20世纪后半叶，作者的著作权拓展到了"邻接权"，为作品提供"服务"的音乐家、演员等表演艺术家均被纳入了保护范围。

1989年柏林墙倒塌后，东欧国家纷纷采用大陆法系著作权制度。

13

* 东。

美国虽然曾大幅修改其版权法，却因拒绝承认作者的精神权利而有别于世界其他国家。

文学和艺术产权法赋予作品创作者**两种**性质完全不同的权利：

精神属性的权利，

和财产属性的权利。

du droit patrimonial *

根据著作财产权的规定，作者对其作品拥有垄断权，其他任何人使用其作品都必须经过作者准许，

且须支付报酬。

14

＊著作财产权。

对唱片、图书、报纸或者 DVD 的利用，涉及的是"复制权"。

至于"表演权"，

则指的是现场表演、电影放映、电视节目播映，以及互联网传播的权利。

当画作或雕塑被人在拍卖场转售时，艺术家们还享有"追续权"[7]。

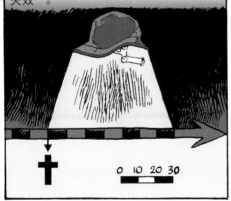

"追续权"在英国等国家并不存在，有些人将其视为普通的税金，认为它会阻碍艺术市场的发展。

著作财产权直到作者去世 70 年后才会失效[8]。

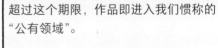

超过这个期限，作品即进入我们惯称的"公有领域"。

15

*《新闻》，大灰狼被告，小红帽作证。

**《迷失》。

du droit moral *

著作人身权没有时间限制，因此，这一权利是……

永久性的。(9)

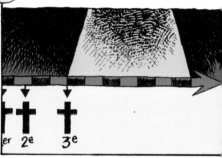

著作财产权的 70 年限期也有特例，比如几个作者合作完成的作品——这类作品的保护期从最后辞世的作者的死亡时间算起。

无署名的作品或以笔名发表的作品，也享有 70 年的保护期，从发表时起算。

当然，这也只是在作者身份成谜的前提下才有效。

阿波里奈的作品《一万一千鞭》(10) 引发的诉讼即是一经典案例（也挑动了公众敏感的神经）。

16

* 著作人身权。

最后一种特殊情况，是那些在作者辞世超过 70 年后才发表的作品。

对于在战争期间牺牲的作者，法国延长了对其作品的保护期。

比利时则于 1994 年取消了这些特殊规定。

每位作者都享有的著作人身权包括如下四项内容：

保护作品完整权

追悔权[11]

署名权

发表权

《神奇四侠》© 漫威 *

17

图中形象出自漫威漫画公司（Marvel Comics）出品的超级英雄系列漫画《神奇四侠》（*Fantastic Four*），四分别为神奇先生、霹雳火、石头人和隐形女侠。

每位作者都拥有"发表权"，由其全权决定作品的哪些部分可以公之于众，哪些不可以。比如，决定自己的哪幅画不可展出，

哪封信不可公开，

或者哪部手稿不可发表。

作者同时也享有"署名权"。无论以任何形式使用作品，其作者都有权要求署上自己的姓名，表明身份。因此，图书封面、唱片封套以及电影的片头和片尾字幕，

都应依法署有作者名。

每张照片都应注明版权所有，

每篇文章都应注明作者，

每位参与者的姓名都应出现在电影字幕中。

*毁灭博士收。毁灭博士为《神奇四侠》中的一位反派人物。

根据"保护作品完整权"，未经作者允许，作品不得受到任何更改。任何人不得以下列方法篡改原作：

擅自上色，

缩减或增加篇幅，

违背、扭曲作者原意，

随意总结某些文章段落而自成一篇文章，

任意修改（ ），裁切照片（ ），或是放映电影时擅自剪掉音轨等等。

《神奇四侠》©漫威

19

里德·理查兹，即《神奇四侠》中的神奇先生，拥有随意志改变身体结构的超能力。

最后是实践中罕有著作权人真正行使的"回收权"或"追悔权"。

它事实上意味着作者有权随时重新考量发表的决定，哪怕作品已经实际发行。

已发行部分

比如法国解放时，塞利纳[12]就曾将自己写的三本反犹小册子从市场回收。

著作财产权可通过出版合同（或制作合同等）出让，但著作人身权不可以。

后者只有在作者去世后才能发生权利转移。

因此，受出版社雇用来帮某位足球运动员撰写回忆录的"枪手"，可以不受合同约束，随时表明身份，要求在作品封面署名。

在法国，法官们甚至认为著作人身权属于"国际公共秩序"的适用范畴。

美国导演约翰·休斯顿[13]的著作权继承人就曾据此在法国成功禁播了他某部影片的彩色版；而在最初发行该片的美国，彩色版却可以合法播映。

这意味着即使根据保护程度较低的外国法，作者已经预先且正式放弃了全部著作人身权，也可在法国重新主张权利。

从本质上看，著作人身权的行使几乎完全由权利人自由决定——作者是其作品命运的最高裁判。

但也需要指出，为了管理著作人身权，著作权法也规定了相应的约束机制，以防权利所有人滥用权利。

21

*纪念约翰·休斯顿。
**绝不可彩色化！

法律明文规定，在某些情况下，即使没有作者的准许，也可使用尚在著作权保护期内的作品，

但一个不可或缺的前提是著作人身权必须得到尊重。

首先是"私人使用"。

这种使用应该是免费的，且仅限于"家庭范围"，

即判例规定的在场人数必须相当有限的情形。

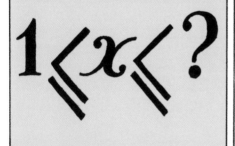

在图书馆举行的读书会或电影放映并不在此列，

更不用说网络上的盗版传播。

其次，满足复制者私人用途的复制行为也不受著作财产权的限制（也就是说，无须作者授权，也无须支付费用）。

确切地说，应由最终使用者本人在自己的机器上进行复制，且无论在何种情况下，复制品都不得被集体使用。

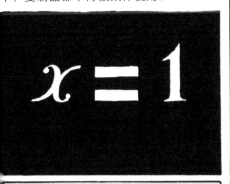

因此，才产生了一些公共复印机持有者为著作权集体付费的机制。

同样，针对图书馆的借阅行为也有收费规定。

此外，引用和分析也无须著作权人同意。

然而，这种使用必须正当：需要具有批判意义，

或者教育功用，

或者论战性质，

或者科学价值，

又或者是信息传播作用。

23

引用须"短"。法官对此做出判断时既要考量引用部分占来源作品的比例（比如，可以引用普鲁斯特《追寻逝去的时光》中的一行文字），

也要考量引用部分占新作品的比例（不可全凭引用造出一首三行俳句）。

blabla bla blabla bla bla bla blablablablabla.
Longtemps, je me suis couché de bonne heure.
Blablablabla blablabla bla blabla blablablabla blablablabla blablabla

引用者一定要注意尊重原著，否则作者将以作品遭受篡改为由主张权利。

Longtemps, je me suis couché de bonheur. *

而且，每次均须注明引用的出处。

petit Mar©el

除几项特殊情形外，一般还允许在图片中使用公共场所展出的如下"作品"：

雕塑、喷泉，

以及建筑和壁画，

24

* 法语中 bonheur 表示"幸福、幸运"，和 bonne heure 读音相同，此处是针对本页画格1中马塞尔·普鲁斯特《追寻逝去的时光》的著名开头玩的文字游戏，原文表示"有很长一段时间，我早早就上床了"，改写后表示"在很长一段时间里，我都是幸福地睡去"。

如果作品只是出现在很大的整体画面中，那么就可以被使用。

官方发言及政治演说若是作为时事新闻的素材，也无须经过作者授权。

这也就意味着上述与演说相关的著作财产权的例外，只在演说发布后的极短时间内有效。

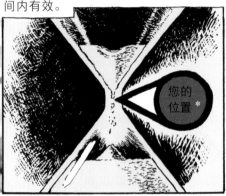

您的位置*

法律条文、司法判决和国歌不受任何著作财产权保护。

自由！

对艺术作品的模仿、戏仿和讽刺漫画式表现也无须获得著作权人准许。

L.H.O.O.Q.**

法院认为，对作品任何形式的使用都不可有意损害原著或原著作者，不可对公众造成任何混淆。比如，围绕《丁丁历险记》就曾产生多个判例。

25

* 作者在沙漏图上套用旅游地图上的位置指示用语，意指可以免费使用的时间不多。
** 《长胡须的蒙娜丽莎》是法国艺术家马塞尔·杜尚（Marcel Duchamp, 1887—1968）戏仿《蒙娜丽莎》的系列作品之一。"L.H.O.O.Q"连续快读与"Elle a chaud au cul"（她的屁股热辣）发音相似。

根据欧陆诸国的著作权制度，作者永远是其作品的原始著作权人。

然而，在以盎格鲁–撒克逊诸国为代表的某些国家的法律中，享有原始著作权的可能是委托人（即出资人）。

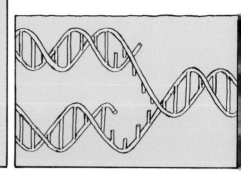

在大陆法系中，所谓"委托"的作品也不能违背这一著作权基本原则，只有在例外情况下，委托人才可以要求获得部分原始著作权。

即使委托人有权让作者正当出让著作权，但也并不能成为原始著作权人。

只有在相当罕见的情况下，即"委托"条款极其细致精确时，"委托人"才可要求成为合著者。

比如，垂暮之年的大师奥古斯特·雷诺阿[14]由于疾病缠身无法独自完成创作，便和助手们成为合著者。

只有自然人才具有作者资格，但合作的作品除外，比如报纸或百科全书。

对于借助电脑或其他机器创作的作品，这些设备的设计者不享有任何著作权。

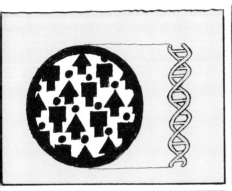

从法律上看，这些设备与作者使用的其他简单工具没有差别。

真正难以判断的是卫星拍摄照片的著作权归属。

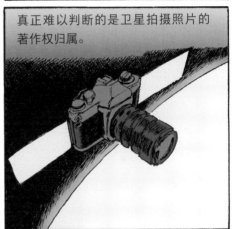

动物拍出的照片也是个难题。一只猴子的自拍曾因此引发热议……

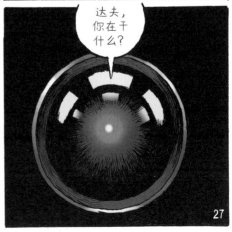

达夫，你在干什么？

原则上，作品以谁的名义发表，谁就是作者。

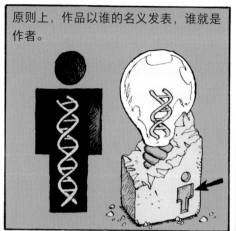

对于匿名或以笔名发表的作品，出版人类似于作者的委托人，面对第三方时是作者的合法代表。

因此，有些人即使获得了别人的手稿、照片或画作，也绝不会仅凭这一事实而获得使用作品的权利。

对这一授予作者资格的原则持有异议的人，需提供相反证明。

文学和艺术产权法明确区分了有形财产权和知识产权。

他们所享有的，只是作品原件的财产所有权。

*《吸血鬼德古拉》，布莱姆·斯托克著。

即便作者本身是被雇用的劳动者，比如记者，原则上他依然对自己的文章拥有全部著作权，

除非劳动合同中包含相关条款，明确规定著作权将会转让给雇主。

然而，公务员的著作权会自动转让给所属行政单位。

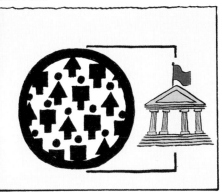

但教师不在此列，他们可自由发表、使用其授课内容。

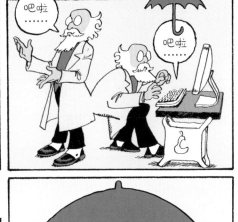

若某一作品是由多人共同参与完成，其著作权归属要视具体情况而定。

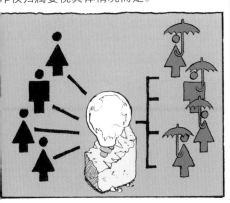

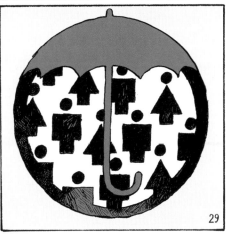

29

漫画（既有编者，

也有绘者）、

歌曲（既有作词人，

也有作曲人）、

吧啦……

或者访谈录，

吧啦……

这些都是合作作品，创作者们应该协商一致行使权利，也应根据商定的比例分配所得。

法律往往把音像作品定性为合作的作品。一般来说，其合著者包括编剧、作曲人和导演等。

法律还规定了"改编作品"——基于另一作者的原始作品创作的新作品。在法律上，一部关于毕加索的电影或一部乔伊斯作品的译作都属于改编作品，其中对原作的使用必须获得原作作者授权。

多人共同完成的作品，可以同时属于法律上规定的不同作品类型。比如，如果一部音乐剧是由一位作曲家和一位填词人合写的，则属于合作作品。

但是，如果它取材于一部已经出版的小说，则同时也是一部改编作品。

婚姻以及与其相关的各种法律制度也会影响著作权的归属。特别是在婚姻存续期间创作完成的作品，即便在离婚后才被改编成电影，原配偶有时也可从中获益。

著作人身权和著作财产权一样可以通过继承的方式转让，甚至可以遗赠给作者亲属以外的其他继承人。[15]

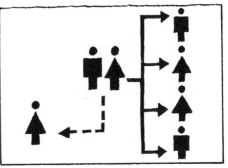

约瑟夫·凯塞尔[16] 就将个人的全部著作权都遗赠给了爱尔兰红十字会。

著作人身权可以委托给遗嘱执行人。

31

* 约瑟夫·斯特里克（1923—2010），美国导演，曾将詹姆斯·乔伊斯的小说《尤利西斯》改编为同名电影。

遗嘱执行人的情况略显特殊：

法院一般认为遗嘱执行人不得将上述权利再次委托给自己的继承人。

理论上，法律会约束继承人使用作品的行为。

滥用无度的遗孀、

贪得无厌的面首、

不肖的子女，

常常会因为不循常规地管理天才的存世作品而被人告上法庭。

大部分现代国家都签署了保护著作权的国际公约，其中明确规定：表演作品的演员和音乐家等享有邻接权。

"邻接"的权利

邻接权的保护期为 70 年[17]，从作品"上演"即定型时起算。

邻接权也被用来为唱片和录像带制作者提供相似的保护，并由此保护视听传媒公司的权利。

在这一点上，邻接权不同于著作权，它并不涉及自然死亡的概念。

一旦表演完成，进入市场，邻接权人就无权再反对他人使用了。

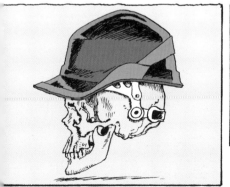

相应地，法律也规定了专家们称为"合理报酬"的原则。

33

V.tape，由一群艺术家运营的非营利性艺术机构（ARC），位于多伦多，是加拿大最大的录像制品发行机构。

演员、音乐家、歌手都被赋予邻接权，只有龙套演员、群众演员等"辅助"表演者才不享有该权利。

和作者一样，作品表演艺术家对自己的表演也拥有著作人身权，但他们拥有的权利数量比作者少，不包括发表权以及回收或追悔权。

达夫，我害怕……

我不能让你这样做……

数字技术的出现，引发了人们的诸多忧虑。

数字化

有人匆忙宣称数字作品处于著作权法的"空白地带"，法学家们彻底否定了这一说法，并再次确认了著作权的一般规定在新技术领域的法律效力。

该领域的首批司法判决（受害人为雅克·布雷尔和米歇尔·萨尔杜）更是确证了法学家们的观点——著作权法也适用于数字作品，并不需要做根本上的修改。[18]

因此，未经允许以数字形式使用某作品的行为（比如擅自将照片放到互联网上）将受到法律的惩罚。

萨拉·康纳*？

啊！

法学家们认可著作权法对多媒体作品（比如网站设计）的保护。

如今在创作数字作品时，单单识别各类使用许可就是一项耗时的工作。

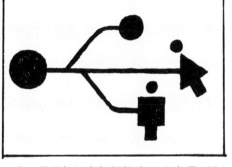

数字作品具有跨国使用等特点，以至于其著作权保护在实践中始终困难重重。

因此，世界知识产权组织（OMPI）于1996年通过了一项新的条约，作为对《伯尔尼公约》的补充。

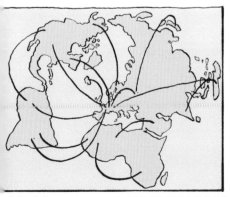

2.0 OMPI**

35

* 萨拉·康纳（Sarah Connor），"终结者"系列电影中虚构的女性角色。
** 世界知识产权组织（Organisation Mondiale de la Propriété Intellectuelle，简称 OMPI），位于瑞士日内瓦，联合国专门机构之一。

理论上，技术创新应该有助于保护数字作品免受盗版侵害。

然而在实践中，尚不存在强制要求添加编码或者水印的制度。

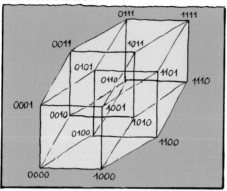

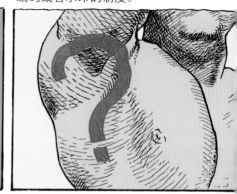

数据库的著作权

从 20 世纪 90 年代末起，数据库就在欧盟受到一项特殊制度的保护，该制度源于一项欧盟指令。

其特殊之处在于保护的双重性：既有作为一般法的著作权法，又有一部特别法。

特别法旨在保护"数据库的制作者"，也就是数据库的制作发起人和承担"资金、物力及人力等主要投资风险"的人员。

该法禁止未经许可使用"数据库的全部内容或（就质量或数量而言的）实质部分"。

最后值得一提的是，数据库的保护期比较特殊——从制作结束起 15 年内。

集体管理机构

作者在管理作品的使用和收取应得的报酬时有诸多不便，"集体管理"机构应运而生。

我们不是已经在这本书的开头提到过了吗？

是。

但现在要展开讲讲……

通过把众多创作者的权益集中起来，

集体管理机构可以利用规模效应，在协商中争取以作品最小范围和程度的使用获得最大收益。

37

实际上，以音乐家为例，作者很难限制他人在以下各种场合传播自己的作品：

广播电台、

夜店、

超市、商场，

甚至电梯里，

或者作为等候音乐。

集体管理机构的重要性以及其中部分机构的运营方式，经常引发争论。

其中，有的是私营，其他则全部由国家空制。

平面艺术和造型艺术，

如今，集体管理机构遍布全球。

除音乐外，这些机构还覆盖了创作实践的所有其他类型：

戏剧、

以及图书借阅和"非法复印"。

39

* 迈克尔·杰克逊（Michael Jackson，1964—2009）和莱昂纳尔·里奇（Lionel Richie，1968— ）合作的著名歌曲《四海皆一家》（"We are the world"）。

合同的艺术

所有关于文学和艺术作品著作权的法律都以鼓励创作为宗旨。

因此，出现了一些适用于著作权合同的一般规定，使得与作者签署的合同相较于无此规定的传统合同更为严苛。

著作权制度有一个基本原则，即所谓"限制性解释"——作者只出让合同中明文规定的权利。

这些法律保护创作者不受来自合同相对方（尤其是出版商和其他制作人）的侵害。

另外，针对几类特殊合同（比如出版合同和视听作品制作合同），还有更细致的法律规定。

所有未在合同中提及的权利都会自动保留。

作者出让的每项权利都必须在合同条款中分别列出。

无论是使用范围和目的，还是使用地点和期限，也都必须在合同中明确规定。

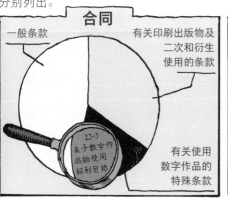

根据判例，这就意味着类似"出让全部权利"这样针对作品使用的标准条款只适用于对作品的首次使用，且须以双方明确协商一致为前提。如今，法官们在这一点上十分严格，且在原则上更倾向于保护创作者的权益。

因此，需要规定作品的使用期限，

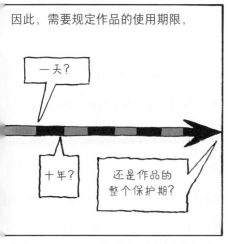

以及地理范围：法国、比利时，还是全世界？

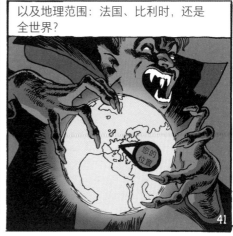

拉杜丽（Ladurée）是法国家喻户晓的高端甜点品牌，代表产品为双层马卡龙，而法语中的"期限"是 La durée，二者发音相同。

实践中还要注明作品使用的语言。毕竟，比利时有地区说德语，法国和西班牙有巴斯克语区。

并且，要注明作品是否将被翻译、译制配音或添加字幕（包括歌剧字幕）。

合同中还需列举作品的传播形式，如纸质书（合集或分册）。

也不能忘记注明对作品的使用方式：售卖、借阅或租赁，还是用于广告宣传。

此外，可以在合同中注明"形式不定"或"待确认"，前提是必须明确作者的分成比例。

然而实践中很难遵循这一规定，因为既然作品呈现形式尚未确定，产生的经济效益自然也无法估量。

* 你好，就这一次！（前半句为巴斯克语，后半句为法语。）** 漂亮！很好！（前半句为德语，后半句为西班牙语。）
***《禁忌星球》（*Forbidden Planet*）是 1956 年上映的美国科幻电影，主角为拥有人格和个性的机器人罗比（Robby）。

作者不得将自己未来创作的所有作品一次性转让给合同的另一方当事人。

唯一的例外是出版合同中的优先权规定：出版社可以预购其头牌小说家未来 4 部以内作品的著作权。

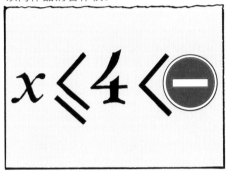

报酬

比例报酬制也是著作权法的主要原则之一。

作者既然出让了对作品享有的权利，就应该从作品的销售或使用收益中获取一定比例的报酬。

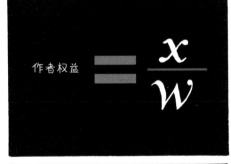

尽管如此，在某些明确限定的情况下，作者的报酬可以一次付清，比如用于广告等不存在二次销售的使用，

或者使用的部分和整个作品相比微不足道。

43

* 著作权为埃尔热（Hergé）所有。杯子上的白色雪纳瑞为埃尔热创作的系列漫画《丁丁历险记》中丁丁的小狗米路。

还有一种可能是，现有技术手段无法识别对作品的实际使用情况。比如 20 世纪 80 年代的投币式唱片播放机，其中某张唱片带来的收益比例就无法确定。

然而，随着科技发展，特别是信息技术的发展，承认一次付清报酬为合法支付手段的判例日益减少。

诸多与文化相关的行业都存在自己的"使用守则"。

大部分情况下，这些"使用守则"是面向缔约机构内部人员的简要建议，而非所有人都必须遵守的法律条款。

这些"守则"既可能涉及法律有明文规定的合同类型（比如出版合同），也可能涉及某些任何法律或规章都未做出特别规定的情况，例如图表的使用。

最后，有些行业的实践已然催生出标准合同的模板，而且很少出现违背这些合同的情况。

比如在音乐行业内部，就存在："使用许可合同"和"录制合同"等。

一切在文学与艺术产权保护法的严格规定之外擅自使用作品的行为都是违法的，

而其产品都是伪造品。

假冒伪劣

在对抗著作权侵害的制度中，"假冒伪劣"的概念最为常见。

假冒伪劣的形式多种多样。比如，盗版光碟和录像带等可以被归入工业假冒伪劣产品。

对小说的抄袭一般被归为剽窃。

未经允许的下载也属于这一范畴。

又或者借用的篇幅超出"引用"所允许的比例，那也算剽窃。

45

*《茫茫黑夜漫游》，路易-费迪南·塞利纳著。
**《茫茫黑夜漫游》，另一人著。
*** copier 意为"复制"，coller 意为"粘贴"。

如果合同当事人不遵守合同中某些对使用做出限定的条款，那么这种行为也应该属于伪造，比如：

印数高于约定数量，　　　　在约定以外的地区销售，

或者以合同规定之外的形式复制作品。

法律也同样严格惩处"售卖、进出口假冒伪劣产品"的行为。

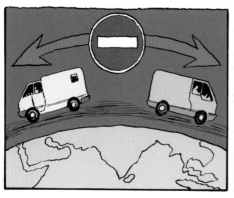

对于假冒伪造行为，受害者可以向民事法庭起诉（胜诉可获得损害赔偿），也可以向刑事法庭提起诉讼。

若提起刑事诉讼，除赔偿金外，轻罪法庭可能判处监禁和罚款等真正的刑罚。

法官也可判决永久或暂时关闭"实施违法行为的场所"。

* 你不得再抄袭！
** 我再也不抄袭了。

同样，有罪判决的全文或摘要常常会在报纸上公布。

而且，法庭还有权宣布没收假冒伪劣产品、由此带来的非法所得，以及专门用于实施不法行为的设备。

假冒伪造行为令文化产业的下列巨头们心惊胆寒：

美国的影视制片厂、电子游戏发行商、新闻出版集团、音乐行业的巨擘等。

由于缺乏可靠的统计，假冒伪劣产品在各行业的分布数据是通过推算得出的，往往并不公开。

针对假冒伪造行为的扣押和起诉数量令人心惊，这也是因为政府在加大打击盗版的力度。

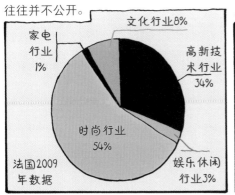

高新技术行业 34%
文化行业 8%
家电行业 1%
时尚行业 54%
娱乐休闲行业 3%
法国2009年数据

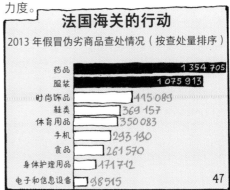

法国海关的行动

2013 年假冒伪劣商品查处情况（按查处量排序）

药品	1 354 705
服装	1 075 913
时尚饰品	415 089
鞋类	369 157
体育用品	350 083
手机	293 130
食品	261 570
身体护理用品	171 742
电子和信息设备	98 515

47

* 剽窃、抄袭。

据统筹管理好莱坞电影产业的美国电影协会（MPA）估计，在盗版猖獗的某些国家，流通的电影中有 95% 都不合法。

美国电影协会自称"小外交部"，其分支机构遍布世界各地：布鲁塞尔、多伦多、里约热内卢、新加坡、墨西哥、雅加达、新德里等。

部分分支机构地理分布如下图：

这一切，距离完全的偏执妄想只有一步之遥。

国际刑警组织的某些首脑断定盗版是恐怖主义的资金来源之一，比如从前的北爱尔兰准军事集团和萨拉菲集团。

2002 年，曾有一名基地组织成员在某盗版团伙的案子中被牵扯出来……

当著作权成为一种资产

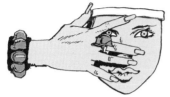

面对假冒伪造行为，文化行业的投资者们纷纷寻求最高级别的作品保护：除了诉诸法律外，还有加密、电子标签和网络排查等手段。

因此，对他来说，各种形式的知识产权（商标、专利、著作权）都至关重要。

如今，通过收购多家图片社，柯比斯已坐拥数千万张标准参考图片。

以比尔·盖茨为例，

构成其财富基础的作品，始终遭受着各路黑客的肆意剽窃。

这位跻身亿万富翁的怪才创建了"柯比斯"，意图打造首个全球图片银行。

因此，柯比斯需要确保持续签订合乎规范的著作权合同，使签约摄影师或受雇创作者按最长期限、在所有地区、以尽可能多的形式转让其作品的使用权。

因为一家文化公司若对名下的影片、图书或唱片不享有牢固的著作权，它也就不再有任何商业价值。

它还必须有能力在世界各地转卖这些著作权，并能应付新情况，抵御每一次新技术的冲击。

相较而言，公司员工、过时电脑和办公用品等其余部分的价值可以忽略不计。

从长远来看，只有无形资产，即著作权，才是真正的财富。

在进行回购的资产审查时，评估一家公司是否够"大"，主要看其合同数量、明星"产品"的剩余保护期和作品受法律保护的程度。

著作权的全球化和一体化

著作权很快进入了一体化阶段，因为全球各文化行业的工作者都要阅读并理解各种类型的合同。

相应地，打击假冒伪造行为的手段也越发协调一致。

以超自由主义闻名的世界贸易组织，也因此于 1986 年颁布了《与贸易有关的知识产权协定》(ADPICS 或 TRIPs)。

世界贸易组织

该协定旨在以持续的法律和监管手段全面保护知识产权，尤其要打击亚洲、非洲、南美洲和俄罗斯等地的盗版行为，

不论对象是提供盗版产品的工业巨头还是下载盗版的青少年。

颇具讽刺意味的是，来自马格里布[20]或一些热带地区的大作家和音乐家出于经济利益的考虑，更愿意把自己的作品转让给国际公司，

1971 年 7 月 24 日在巴黎签署的《世界版权公约》成功解决了这一问题。它可以看作另一版本的《伯尔尼公约》，后者是最早产生并得到普遍承认的著作权保护法。

欧洲的出版社和制作人等版权所有者不得拒绝非洲的同行们以合理的价格获得作品的使用权。

52

而这些国际公司有时会在作者所属国限制作品的发行或以高价售卖作品。

巴黎的新公约规定了一种强制授权机制，使当时被称为"第三世界"的国家有机会使用上述受保护的作品。

但在实践中，为避免触犯众多私人利益，非洲国家的政府从未尝试过真正行使这一权利。

* 分别为法语和英语的《伯尔尼公约》。

不得不承认，长久以来，知识产权保护机制在某些国家严重缺失，大大阻碍了文化交流。

因为从理论上讲（如今已极为少见），若A国不承认B国作品的著作权，无视他们的利益，则B国也无须对来自A国的作品提供任何保护。

这种"互相"不保护著作权的做法简直是"以眼还眼，以牙还牙"的同态复仇法在现代的复活！

新工具

现代人十分重视文化保护，因此创造了新的概念和工具以更好地保护作品。

比如，当作品遭到剽窃时，著作权人常常会提起"不正当竞争"诉讼。

53

尤其是当剽窃对象为不满足传统著作权法保护条件的"精神作品"时，"不正当竞争"诉讼往往更有效果。

比如，仍停留在构思阶段的真人秀电视节目的创意就是如此。

这类诉讼的主要意义在于厘清事实，避免混淆，打击窃取他人成果的"寄生主义"——

剽窃者直接盗用现有成果，并未像原出版商或制作人那样投入研究和市场调查。

因此，法庭上曾就各种形式新奇的作品展开过激烈争论，比如：智能手机的应用程序、免费报刊的版面设计，甚至还有兴趣班上教学用的新奇小玩意儿——可收集成套的卡乐多、神奇宝贝卡片以及数学课间编织的彩色手链。

Hadopi 和加密手段

Hadopi
网络作品传播
及权利保护
高级公署

人们也创立了一些打击非法下载的新机构，比如法国的网络作品传播及权利保护高级公署（简称 HADOPI）。

如今所有电影片头字幕出现前都会重复一遍法律规定，用来威慑那些可能盗录电影的观影人。

消费者协会因此又发起了新一轮运动，抗议这些加密手段。

该机构负责发送警告邮件，阻止人们非法获取在线音乐，下载电视剧或瓦莱丽·特里耶维勒[22] 的作品、《哈利·波特》系列丛书等。

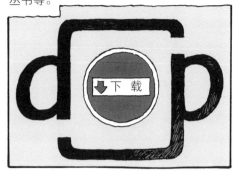

在这些措施之外，电子密钥的出现也使得消费者不再能轻易复制所购买的软件、电子游戏和音乐文件等产品。

于是，消费者取代乐迷和书虫，与那些从作者权益中获利的跨国文化产品发行公司展开"对峙"。

55

* 绝对不能下载！

新点子

面对对著作权（尤其是对著作权人）保护的加强，有些人开始思考并有所行动。

有些人希望对公有领域作品也实施付费使用制度[23]，所得直接用于资助创作。

有些人积极奔走，希望欧洲回归著作权的较短保护期。

另一些人更是先行一步，提出并落实了与传统著作权和版权（copyright）相对的"著佐权"（copyleft）概念。

甚至有些人建议免除侵犯著作权的法律责任。

"著佐权"只是一种特殊形式的合同，并非意味着对知识产权保护机制的彻底背离。

56

著佐权合同常被称为"许可协议"，据此，使用作品既无须征得同意，也不必支付费用。

"许可协议"中的作品创作者也可以为自由使用附加一定的限制，比如禁止修改原作，

或者禁止通过免费使用的作品牟利。

免费的在线百科"维基百科"就是著佐权制度的典型例子。

还有 Linux 操作系统，来自芬兰的开发者将系统源代码开放，所有人均能使用。

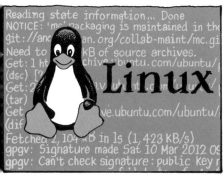

著佐权制度也适用于其他创作领域。

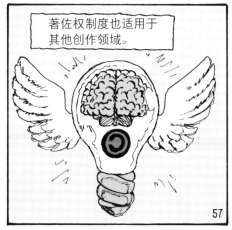

于是，"非主流"音乐领域出现了所谓"知识共享"的许可协议。

所有人都可以上传自己的音乐作品，丰富网站资源库，

也可以在另一端免费获取他人的音乐，

只要遵守基本规则即可。

58

文化的权利和

文化的门槛

新技术的发展加剧了多种矛盾，其中最突出的就是人们获取文化产品（或知识）的权利和著作权之间的矛盾。这已成为当代世界面临的一个重大难题。

虽然著作权的某些规定曾经遭受科技革命的重创——

从照片的发明到通过手机即可登录的社交网络，

但那些源于启蒙时代的基本原则，至今依然适用。

尾　注

(1) 第 3 页，图中文字（从上到下、从左到右）依次为：

La Saif（全称为 La Société des Auteurs des Arts Visuels et de l'Image Fixe），法国视觉艺术和静态图像创作者协会，是一家为画家、摄影家、雕塑家、建筑师等各个视觉艺术领域的创作者提供著作权集体管理的机构。

Sabam（全称为 La Société d'Auteurs Belge-Belgische Auteurs Maatschappij），比利时作者协会，原为保护音乐家著作权的机构，后来发展成为拥有 4 万多名会员的跨专业私营机构，全面管理和保护各类文艺创作者的著作权。

Sacem（全称为 La Société des Auteurs Compositeurs et Éditeurs de Musique），法国音乐作者与发行人协会，是世界上第一个管理音乐作品著作权的组织。

Semu（全称为 La Société des Éditeurs de Musique），比利时音乐发行人协会，是专门负责集体管理音乐作品复制权的机构。

Adami（全称为 La Société Civile pour l'Administration des Droits des Artistes et Musiciens Interprètes），法国表演艺术家和音乐家著作权管理协会，是为作品表演艺术家提供邻接权集体管理的机构。

(2) 第 7 页，胡萝卜须出自法国作家儒勒·列纳尔（Jules Renard，1864—1910）的著名散文体小说《胡萝卜须》（*Poil de Carotte*）。主人公是个红发小男孩，在法国家喻户晓。

(3) 第 10 页，法国导演罗杰·瓦迪姆（Roger Vadim，1928—2000）拍摄的电影《危险关系》（*Les Liaisons Dangereuses*）改编自法国作家皮埃尔·肖代洛·德·拉克洛（Pierre Choderlos de Laclos，1741—1803）的同名小说。

(4) 第 12 页，图中的作者名、书名大多为对经典作家、作品名的戏仿，依次为：《醉酒教士的过失》（*La Faute de l'Abbé bourré*），来自左拉《莫雷教士的过失》（Émile Zola，*La Faute de l'Abbé Mouret*）；《龙萨诗集》（*Ronsard Poésies*）；乔伊·C《光滑的屁股》（Joy-C，*O-Lisse*），来自詹姆斯·乔伊斯《尤利西斯》（James Joyce，*Ulysses*）；司康达《小红帽与黑》（Scandhal，*Le Petit Chaperon Rouge et Le Noir*），来自司汤达《红与黑》（Stendhal，*Le Rouge et le Noir*）；《涂层尽头的薄纱》（*Voilage au Bout de L'Enduit*），来自塞利纳《茫茫黑夜漫游》（Louis-Ferdinand Céline，*Voyage au Bout de la Nuit*）。

(5) 第13页，加隆·德·博马舍（Caron de Beaumarchais，1732—1799），法国剧作家、音乐家、社会活动家，代表作有戏剧《费加罗的婚礼》。

(6) 第13页，大陆法系也称欧陆法系，因起源于欧洲大陆而得名，是与英美法系相对的两大法律体系之一，受罗马法影响更深，以系统编纂的成文法为特点；英美法系又称普通法系，起源于中世纪英格兰，主要为盎格鲁–撒克逊诸国所采行，判例为其主要的法律渊源。

(7) 第15页，追续权指艺术作品创作者从其作品每次转售所得中，提取一定比例金额的权利，旨在弥补艺术家因无法享受著作权法中规定的发行权、复制权等经济权利而遭受的经济损失。

(8) 第15页，法国著作财产权的保护期限为70年，我国参照《伯尔尼公约》的最低保护要求，规定了作者死后50年的权利保护期限。

(9) 第16页，著作人身权一般是永久性的，但也有少数国家采取"有限主义"的保护原则，规定了权利保护期限。

(10) 第16页，《一万一千鞭》（Les Onze Mille Verges）是一部色情小说（"verge"在法语俚语里有"男性生殖器"的意思），标题化用了一万一千名贞女（Les onze mille vierges）的宗教典故。小说出版时署名G.A.，一般认为这是法国著名作家纪尧姆·阿波里奈（Guillaume Apollinaire，1880—1918）的名字缩写，且小说部分章节改写自一部德语小说，有人在阿波里奈的笔记中发现了相关证据，但阿波里奈生前从未声明他是小说的作者。

(11) 第17页，我国《著作权法》并未规定追悔权，而是在第10条规定了修改权，即修改或授权他人修改作品的权利，其他国家极少将修改权作为一项独立的著作人身权规定于立法中，往往是将修改权与回收权作为一项权利，即修改与回收作品权，或者要求与回收权一起行使。（参见王迁：《著作权法》，中国人民大学出版社2015年版，第153-154页。）

(12) 第20页，路易–费迪南·塞利纳（Louis-Ferdinand Céline，1894—1961），法国作家，曾因反犹言论引发不小争议。

(13) 第21页，约翰·休斯顿（John Huston，1906—1987），美国知名电影编剧、导演和演员，擅长将剧本及小说改编为电影，曾两度荣获奥斯卡金像奖，被称为好莱坞电影工业的"巨人"和"反叛者"。

(14) 第26页，皮埃尔–奥古斯特·雷诺阿（Pierre-Auguste Renoir，1841—1919），法国画家，印象派代表人物。

(15) 第31页，法国《知识产权法典》第L121-1条规定了著作人身权不可转让的一般原则，以及在著作权人死亡时可以转让的例外（与著作权人人身属性联系最为密切的回收或追悔权除外）。根据我国《著作权法》，可以通过继承方式转让的仅限于使用权、获得报酬权等财产属性的权利。

(16) 第 31 页，约瑟夫·凯塞尔（Joseph Kessel，1898—1979），法国记者、冒险家、小说家，生于阿根廷，在第一次世界大战中担任飞行员，在第二次世界大战中任抵抗派联络员，获得两次世界大战的十字勋章。著有《白日美人》《影子部队》等 80 余部作品，1962 年当选为法兰西学院院士，现有以其名字命名的文学奖项。

(17) 第 33 页，邻接权的保护期限与著作权相同，我国参照《伯尔尼公约》的最低保护要求，规定了 50 年的保护期。

(18) 第 35 页，布雷尔-萨尔杜案是互联网著作权保护的典型案例，纠纷源于两名高校学生未经法国著名音乐人雅克·布雷尔（Jacques Brel，1929—1978）和米歇尔·萨尔杜（Michel Sardou，1947—）的授权，将其作品数字化处理后发布到网络，法院认为法国著作权法同样适用于互联网，上述做法侵犯了著作权制度所保护的个人权利。

(19) 第 42 页，瓦格纳（Richard Wagner，1813—1883）歌剧《诸神的黄昏》第三幕中的台词，此句为德语，左上为法语，意为"嘿呀哟嚯！格拉纳！向你的主子问好！"，是马背上的女主人公布伦希尔德对所骑之马格拉纳所说，"主子"指布伦希尔德的爱人齐格弗里德。

(20) 第 52 页，马格里布，阿拉伯语，意为"日落之地"，指非洲北部阿拉伯国家所在地区，包括阿尔及利亚、利比亚、摩洛哥、突尼斯和毛里塔尼亚。

(21) 第 54 页，糖果传奇（Candy Crush），英国网络游戏公司 King Digital 开发的消消乐游戏；20 分钟（20 minutes），在法国、西班牙和瑞士发行的免费日报；Readiris，一款运用扫描技术将纸质文件转换成可编辑的电子格式的应用程序；卡乐多（Les Crados），美国 Topps 公司于 1985 年开始发行的套装玩具卡片，英文原名为 Garbage Pail Kids（垃圾堆小破孩），源于对同时期 Coleco 公司生产的系列玩偶 Cabbage Patch Kids（卷心菜地小孩）的恶搞，于 1989 年开始在法国发售。

(22) 第 55 页，瓦莱丽·特里耶维勒是法国前总统弗朗索瓦·奥朗德（François Hollande，1954—）的前女友，曾在分手后出版讲述二人恋情的回忆录，该作品迅速成为畅销书。

(23) 第 56 页，此处指的是公版作品的付费使用制度，即有些作品虽然已经进入公有领域，但使用时仍需给国家或作者的相关机构付费。该制度曾引发不少争议，很多国家试行后又废止，如今主要在南美和非洲的一些国家施行。

著作权领域常见标志

署名（Attribution），简写为 BY，表示使用作品须按照权利人确定的方式对作品进行署名。

相同方式共享（Share Alike），简写为 SA，表示可自由使用作品，但修改作品须遵守设定的条件。

非商业性使用（Non Commercial），简写为 NC，表示不得以商业目的使用作品。本书介绍的主要是以法国为代表的大陆法系著作权制度，故将美元的标志替换为欧元。

禁止演绎（No Derivative），简写为 ND，表示可以自由使用作品，但不得修改作品。

合理使用（Fair Use），表示在某些情况下，无须征求著作权人的同意，就可以使用其受著作权保护的作品，主要包括学术上的使用、教学或者新闻报道等。

保留所有权利（All Rights Reserved），表示作者对作品享有全部著作权，任何对作品的使用均需其授权。

公有领域（Public Domain），简写为 PD，表示作品已进入公有领域，可自由使用作品，无须付费和授权。

著佐权（Copyleft），与版权和著作权相对的概念，意在平衡作者对作品享有的绝对权利和他人使用作品的自由，主张作者仍为其作品的版权所有人，但其他人享有使用、修改作品和利用其创作衍生作品的权利。

拓展阅读

埃曼努埃尔 · 皮埃拉的推荐书目

《新著作权和邻接权》（*Le Nouveau droit d'auteur et les droits voisins*），阿兰 · 贝伦布姆（Alain Berenboom）著，Larcier出版社，2007年第4版。阿兰·贝朗博姆无疑是布鲁塞尔律师公会最受景仰的知识产权法律师。想要理解漫画之国（指比利时）的著作权规定之精妙，他的著作是必读书目。

《著作权和出版》（*Le Droit d'auteur et l'édition*），埃曼努埃尔 · 皮埃拉（Emmanuel Pierrat）著，Le Cercle de la Librairie出版社，1998年、2005年和2013年版。本书首次探讨了著作权和图书出版之间的特殊关系，并举例加以说明，面向的读者是对文学创作和图书出版感兴趣的非法律界人士。

《图书法》（*Le Droit du livre*），埃曼努埃尔 · 皮埃拉（Emmanuel Pierrat）著，Le Cercle de la Librairie出版社，2001年、2005年和2013年版。本书汇编了与法国图书出版业相关的各项法律法规，涉及知识产权、单一定价法、劳动法、数字技术和图书制作等。

法布里斯 · 诺的推荐书目

《论战：摄影的法律史与伦理史》（*Controverses : Une histoire juridique et éthique de la photographie*），达尼埃尔 · 吉拉尔丹（Daniel Girardin）与克里斯蒂安 · 皮克尔（Christian Picker）合著，Actes Sud/Musée de l'Élysée 出版社，2008 年版。本书聚焦对作品开展法律审查的历史，讲述了某些被封杀的摄影作品最终"平反昭雪"的故事，见证了对图像权的保护及其异化，跟近 40 年来（尽管本书追溯到了更早的历史）西方世界上空始终盘旋的对安全问题的担忧如出一辙。

《解读猫族》（*MetaKatz*），格扎维埃 · 洛温塔尔（Xavier Löwenthal）与利安 · 马努阿什（IIan Manouach）主编，La Cinquième Couche 出版社，2013 年版。《解读猫族》效仿阿特·斯皮格曼（Art Spiegelman）的《解读鼠族》（*MetaMaus*），对被判定为《鼠族》（*Maus*）抄袭品的《猫族》（*Katz*）一书展开分析。《鼠族》中使用了多种动物形象，如猫、鼠、猪、青蛙等，而《猫族》则照搬了《鼠族》，把

书中人物的头部统统换成了猫头。《猫族》试图以此批评《鼠族》的种族"本质化"假设。《猫族》虽被查禁，但《解读猫族》却汇集了几乎所有与其相关的文学创作及评论。

《没有出版人的出版》（*L'édition sans éditeur*），安德烈 · 施弗林（André Schiffrin）著，La Fabrique 出版社，1999 年版。几年前读到这本书时，我发现它对法国出版行业的未来颇有洞见。和很多人一样，我也不幸见证了部分漫画编辑出版工作的消失，然而当年还不像如今这么悲观。这本书简要回顾了当年出版业的状况。

图书在版编目（CIP）数据

著作权 /（法）埃曼努埃尔·皮埃拉编;（法）法布
里斯·诺绘;曹杨译 . -- 北京 : 中国友谊出版公司,
2023.3（2024.1 重印）
（图文小百科）
ISBN 978-7-5057-5534-5

Ⅰ . ①著… Ⅱ . ①埃… ②法… ③曹… Ⅲ . ①著作权
—普及读物 Ⅳ . ① D913.4-49

中国版本图书馆 CIP 数据核字 (2022) 第 119079 号

著作权合同登记号　图字：01-2022-6503

La petite Bédéthèque des Savoirs 5 – Le Droit d'Auteur. Un dispositif de protection des oeuvres
©ÉDITION DU LOMBARD (DARGAUD-LOMBARD S.A.) 2016, by Emmanuel Pierrat,
Fabrice Neaud
www.lelombard.com

本作品简体中文版由 欧漫达高文化传媒（上海）有限公司 DARGAUD GROUPE (SHANGHAI) CO., LTD. 授权出版
本简体中文版版权归属于银杏树下（北京）图书有限责任公司。

书名	著作权
编者	［法］埃曼努埃尔·皮埃拉
绘者	［法］法布里斯·诺
译者	曹　杨
出版	中国友谊出版公司
发行	中国友谊出版公司
经销	新华书店
印刷	河北中科印刷科技发展有限公司
规格	880 毫米 ×1230 毫米　32 开
	2.5 印张　28 千字
版次	2023 年 3 月第 1 版
印次	2024 年 1 月第 2 次印刷
书号	ISBN 978-7-5057-5534-5
定价	49.80 元
地址	北京市朝阳区西坝河南里 17 号楼
邮编	100028
电话	（010）64678009

后浪漫《图文小百科》系列：